COMPRENDRE LA LITTÉRATURE

MOLIÈRE

L'Avare

Étude de l'œuvre

© Comprendre la littérature.

22 rue Gabrielle Josserand - 93500 Pantin.

ISBN 978-2-7593-0404-2

Dépôt légal : Juin 2023

Impression Books on Demand GmbH

In de Tarpen 42

22848 Norderstedt, Allemagne

SOMMAIRE

- Biographie de Molière.. 9

- Présentation de *L'Avare*.. 17

- Résumé de la pièce... 21

- Les raisons du succès.. 35

- Les thèmes principaux... 41

- Étude du mouvement littéraire.................................. 47

- Dans la même collection.. 55

BIOGRAPHIE DE MOLIÈRE

Jean-Baptiste Poquelin, dit « Molière », naît dans une famille de marchands tapissiers en 1622. Tant du côté de son père, Jean Poquelin, que du côté de sa mère, Marie Cressé, le métier de tapissier fait partie d'une tradition familiale. En effet, tous deux ne comptent parmi leurs ancêtres que des artisans du métier. Ils ne font pas fortune, mais en 1631 le ménage dispose d'assez d'argent pour acheter la charge de « tapissier ordinaire du Roy » au frère de Jean Poquelin, qui leur permet de vivre aisément. Jean-Baptiste est l'aîné de six enfants, dont deux sont morts en bas-âge. L'année suivante, en 1632, la mère de Jean-Baptiste est enterrée au cimetière des Innocents. En 1633, son père se remarie avec Catherine Fleurette.

La relative aisance bourgeoise dans laquelle évolue le jeune homme lui permet d'entreprendre des études classiques chez les jésuites du Collège de Clermont – actuellement lycée Louis-le-Grand à Paris –, puis des études de droit. Il est reçu avocat en 1641. Entre-temps, il prête serment de « survivancier » à la charge de son père et rencontre en 1640 Madeleine Béjat, comédienne de son état.

Durant ces années, la famille Poquelin habite alors le quartier le plus animé de Paris. Jean-Baptiste fréquente les théâtres, aussi bien celui des comédies italiennes que celui des « Grands Comédiens », où sont données les tragédies. Il s'arrête souvent pour regarder les troupes de comédiens ambulants qui effectuent des parades et jouent des farces pour la joie des badauds fascinés. Il fait alors la connaissance de Tiberio Fiorelli, dit « Scaramouche », qui devient son professeur.

Les considérations du jeune Poquelin sont trop éloignées de celles d'un tapissier et, en 1643, faisant fi de son serment, Jean-Baptiste décide d'ouvrir son propre théâtre, avec Madeleine Béjart – qui vient d'avoir une fille, Armande – et d'autres comédiens. Il a confiance et nomme ce nouveau théâtre : « L'Illustre Théâtre. » Jean-Baptiste, qui en est le directeur, se fait appeler Molière. C'est l'aboutissement d'une évolution. Jean-Baptiste s'est d'abord introduit dans les milieux du théâtre par le biais de groupes d'amateurs, puis par celui d'une troupe professionnelle, pour enfin s'immiscer dans le groupe social de la vedette de la nouvelle troupe, Madeleine Béjart. La famille Béjart n'a rien d'une famille de saltimbanques, ce sont les voisins des Poquelin. Le projet n'a rien d'improvisé : l'association a lieu entre gens qui se fréquentent. Mais la famille Béjart est endettée. Émancipée à l'âge de 17 ans, Madeleine forme avec ses frères et Molière une troupe pour se tirer d'affaire. Ils espèrent l'entreprise lucrative. L'Illustre-Théâtre s'installe à Paris, faubourg Saint-Germain, dans une salle de jeu de paume aménagée en salle de théâtre comme c'était la coutume à l'époque. La troupe a pour projet de devenir la troisième troupe de théâtre entretenue par le roi, après l'Hôtel de Bourgogne, et le théâtre des frères Corneille. Les membres de L'Illustre-Théâtre engagent des fortunes colossales pour aménager la salle, ils recrutent musiciens et danseurs, mais les dettes s'accumulent. En 1643, ils quittent le quartier de Saint-Germain et vont dans celui du Marais, sans succès. Malgré la mise à l'affiche de noms de dramaturges déjà confirmés, comme celui de Corneille, l'Illustre-Théâtre est contraint de fermer ses portes en 1644. Molière se retrouve régulièrement au cachot à cause des dettes contractées. L'échec de L'Illustre-Théâtre l'amène à rejoindre une troupe provinciale itinérante.

Son amour pour le métier de comédien le pousse à s'engager avec ses compagnons, en 1645, dans une troupe itinérante dirigée par Charles Dufresne et protégée par le duc d'Épernon. Il en deviendra le nouveau directeur. Pour Molière, le théâtre est une aventure, un voyage parmi le peuple.

Il entreprend une sorte de parcours initiatique, de formation, qui le révèle au public français. Il puise son inspiration aux sources des traditions populaires, d'un théâtre gestuel et oral. Molière écrit sa première pièce en 1655, *L'Étourdi ou les contretemps*, première « grande comédie » qui imite une forme de comédie italienne dite « *commedia sostenuta* », plus élaborée, plus écrite et plus littéraire que la *commedia dell'arte*. Il invente le personnage de Mascarille, valet agile de corps et d'esprit.

Il fait le tour de la France jusqu'en 1658, date à laquelle la troupe qui a gagné les faveurs du frère du roi s'installe à Paris. Après avoir joué *Nicomède* et *Le Docteur amoureux*, le roi accorde à la troupe la salle du petit Bourbon, en alternance avec les Italiens. Le succès n'est pas immédiat. Puis, Molière joue *Le Dépit amoureux* qui remporte un grand succès. Il s'essaie à la tragédie mais n'y réussit pas. En 1659, après avoir pris la direction de la troupe à la place de Charles Dufresne reparti en province, Molière crée *Les Précieuses ridicules*. Son comique n'est pas simplement l'amplification d'un geste, il devient imitation et déformation du mot. Il crée un mode, un type, la précieuse, qui hante la scène théâtrale pendant un long moment. Molière prend position sur deux sujets essentiels : l'œuvre littéraire et son statut dans la société. En 1661, sa pièce *L'École des maris*, en trois actes, lui attire les faveurs du public de Cour. Suit alors la création des *Fâcheux* à la demande de Fouquet, première pièce qu'il écrit pour la Cour du roi.

Molière se marie en 1662 avec Armande Béjart. Cette même année, il donne *L'École des femmes*, sa première grande comédie en cinq actes jouée sans accompagnement et appréciée du public et du roi. Il montre dans cette pièce ce que peuvent devenir les formes de la sociabilité mondaine et les conséquences des abus de pouvoir masculins. Il remet en cause jusqu'au statut du mariage chrétien. Cependant, la pièce est l'objet de querelles littéraires : les Frères Corneille et la troupe de l'Hôtel de Bourgogne se font ses détracteurs. Molière se défend contre les hostilités avec *La Critique de l'École des femmes* : « C'est une entreprise difficile que de faire rire les honnêtes gens. » explique-t-il. Pour le carnaval de 1664, fête mettant à l'honneur la magnificence du règne du Louis XIV, Molière participe aux *Plaisirs de l'Île enchantée*, à la demande du roi. C'est dans ce climat de triomphe que Molière joue *Le Tartuffe*. La critique des dévots s'attire les faveurs du roi et de la Cour mais pas celles de la compagnie du Saint-Sacrement. La cabale des dévots se déchaîne contre cette pièce dont la première version met en scène non pas un homme du monde aux allures de dévot mais un véritable prêtre, hypocrite de religion. L'Église, dont la puissance est d'autant plus appuyée sur les soupçons qui pèsent sur la comédie, condamne sa pièce. Avec *Dom Juan*, en février 1665, Molière s'attaque à la nocivité de la noblesse abandonnée à son bon plaisir. *Dom Juan* est un succès foudroyant. La pièce reprend une histoire populaire et joue sur l'insolence, l'étonnement et la peur. Après l'échec du *Tartuffe*, Molière a besoin d'un succès garanti. Mais encore une fois, dans cette pièce, la religion ne triomphe pas : l'athée ne se convertit pas. Les représentations de la pièce sont limitées, puis *Dom Juan* ne sera plus joué du vivant de son auteur. Après cela, Molière revient à des spectacles de Cour : *L'Amour médecin*, où la critique de la médecine est très sévère ; on joue aussi pour la première fois *Le Misanthrope* en 1666, puis *Le Médecin malgré lui*. Mais la satire perd de sa verve et le dramaturge abandonne les sujets qui lui valent d'être accusé d'impiété et d'immoralité. D'autant que les premiers signes de sa maladie pulmonaire se font sentir. Si *Le Misanthrope* décrit les mœurs du temps, il ne remet pas en cause les principes de la société.

Jusqu'en 1671, Molière est au service de la Cour. En août 1667, la reine-mère n'étant plus là et le parti dévot tombant dans le déclin, il relance son théâtre avec *Tartuffe* une nouvelle fois. Le statut du personnage est changé, on le nomme « Panuphle », mais l'artifice ne réussit pas. La pièce fait salle comble et les autorités religieuses la condamnent immédiatement. En 1667, le théâtre est en crise. Mais en 1668, Molière revient triomphant avec *Amphitryon*, joué lors des fêtes du carnaval. Il transpose la critique sociale sur le terrain de la mythologie. À Versailles, il donne *George Dandin ou le mari confondu*, une comédie-ballet écrite avec Lulli. En septembre 1668, il joue *L'Avare*, grande comédie en cinq actes dans laquelle il attaque l'omniprésence de l'argent en société. Il faut attendre 1669 pour qu'on joue librement *Le Tartuffe*. Cette même année, Lulli et Molière triomphent avec *Monsieur de Pourceaugnac*. En 1670, le dramaturge joue *Le Bourgeois gentilhomme*. Les farces ne suffisant plus ni à la Cour ni au roi, qui veulent désormais du sérieux et de la grandeur, il propose alors *Psyché* qui fait un triomphe. Dans l'intervalle, Molière écrit *Les Fourberies de Scapin*.

Molière aura passé toute sa vie sur les planches de théâtre jusqu'à sa dernière représentation, en février 1673 à la Comédie-Française, après la quatrième du *Malade imaginaire*. Avec cette dernière pièce, il signe à la fois son défi au roi, afin de prouver que le public parisien peut suffire à assurer le succès d'une pièce sans qu'une commande du roi ne soit utile, et un défi à sa santé.

PRÉSENTATION DE L'AVARE

La première représentation de *L'Avare* a lieu le 9 septembre 1668 au théâtre du Palais-Royal. Habitué aux grandes comédies en vers, le public n'apprécie pas le texte en prose. On reproche à l'intrigue un défaut dans l'unité d'action, deux rôles inachevés – à savoir ceux de Valère et Frosine – et un dénouement superficiel. La comédie n'est donc représentée que neuf fois entre septembre et octobre. *L'Avare* n'est pas une création de jeunesse. Molière a quarante-six ans lorsqu'il écrit la pièce. Cette œuvre présente un composé de farce, de romanesque et de peinture des mœurs. La prose rappelle la pièce de *Dom Juan* présentée trois ans auparavant. Elle se situe entre deux tendances du théâtre de Molière. Le comique de farce l'apparente aux *Précieuses ridicules* et au *Médecin malgré lui*, et la peinture des mœurs et des caractères l'inscrit dans la lignée de *L'École des femmes*, du *Tartuffe* et du *Misanthrope*.

Harpagon est un bourgeois enrichi qui correspond au paysage social du XVIIe siècle. La bourgeoisie apparaît comme une classe montante enrichie grâce au commerce, au prêt à intérêts et à l'épargne. Pour la première génération, celle du père, l'argent est un capital que l'on doit conserver et faire fructifier. Le fils considère l'argent pour ses dépenses, son plaisir et son confort. La pièce se compose en cinq actes, l'action se déroule à Paris. Harpagon et ses deux enfants, Élise et Cléante, vivent ensemble. Élise est secrètement fiancée à Valère, un jeune aristocrate napolitain qui s'est introduit comme intendant dans la maison d'Harpagon. Cléante est passionnément amoureux de Mariane, une jeune fille pauvre qu'il voudrait pouvoir aider. Mais l'avarice de son père, Harpagon, freine sa générosité. Élise l'assure de sa solidarité, considérant la similitude de leur situation. Plusieurs thèmes sont mis en évidence dans cette pièce : l'avarice du père, la tension dans les rapports filiaux et la révolte contre la figure paternelle, la flatterie, le mensonge et le traitement de la vérité. Dans cette pièce où les amours sont contrariées, les sentiments se trouvent défigurés par l'intérêt et l'argent.

RÉSUMÉ DE LA PIÈCE

ACTE PREMIER

Scène première

La scène s'ouvre sur Valère et Élise, deux jeunes amoureux. Élise craint que son père ne les empêche de s'aimer en raison de « l'excès de son avarice et la manière austère dont il vit avec ses enfant » (Valère). Ils se sont prêtés serment de s'épouser et de rester fidèle l'un à l'autre. Comme preuve de son amour, Valère a rusé et s'est mis au service d'Harpagon, son père, à travers la louange : « Il n'y a rien de si impertinent et de si ridicule qu'on ne fasse avaler lorsqu'on l'assaisonne en louange. » Valère demande à Élise de parler à son frère afin qu'il soit de leur côté.

Scène 2

Valère quitte Élise pour laisser entrer Cléante, frère d'Élise. Cléante confie à sa sœur son amour pour une femme. Elle suggère qu'elle a aussi des sentiments pour quelqu'un. Cléante sait qu'il a besoin du consentement du père pour se marier. Afin de témoigner son amour à sa belle, il a besoin d'argent, mais son père est trop avare. Il demande le soutien de sa sœur dans son entreprise. Si son père refuse, il est prêt à partir avec celle qu'il aime. Il cherche à emprunter de l'argent.

Scène 3

Harpagon met à la porte La Flèche, valet de Cléante, de peur d'être volé : « *(à part)* Je tremble qu'il n'ait soupçonné quelque chose de mon argent. » Avant que La Flèche ne parte, il fouille ses mains puis ses chausses pour s'assurer qu'il n'a rien emporté avec lui. La Flèche est exaspéré : « La peste soit des avares et des avaricieux ! » Harpagon l'entend et lui demande s'il s'adresse à lui. La Flèche nie puis sort.

Scène 4

Élise et Cléante rejoignent leur père Harpagon. Ce dernier parle tout haut de sa cachette dans le jardin où se trouvent « dix mille écus en or ». Il craint que Cléante et Élise ne l'aient surpris et tente de se justifier : « Je disais qu'il est bien heureux qui peut avoir dix mille écus chez soi. » Il prend ses enfants pour des voleurs. Cléante lui confie qu'ils sont venus lui parler de mariage. Harpagon rebondit sur le sujet et demande à son fils ce qu'il pense de Mariane « qui ne loge pas loin d'ici ». Cléante vante ses mérites. Son père lui annonce qu'il veut l'épouser malgré le peu de moyens dont elle dispose. Cléante se retire, contrarié. Harpagon souhaite faire épouser « une veuve » à son frère et marier Élise à Anselme, « un homme mûr, prudent et sage qui n'a pas plus de cinquante ans ». Élise refuse catégoriquement. Harpagon ne lui laisse pas le choix : « Cela ne sera pas, mon père » / « Cela sera, ma fille » ; « C'est une chose où vous ne me réduirez point. » (Élise) / « C'est une chose où je te réduirai. » (Harpagon) Harpagon lui propose de se soustraire au jugement de Valère, ce qu'Élise accepte volontiers.

Scène 5

Valère rejoint Harpagon et Élise. Il lui demande : « Qui a raison de ma fille ou de moi ? » Mais sans même l'écouter, Valère répond que c'est lui « assurément ». Il apprend alors qu'Harpagon veut marier celle qu'il aime, Élise, à un vieil homme Anselme parce qu'il accepte de l'épouser « sans dot ». Pour chaque argument masqué de Valère qui va à l'encontre de cette décision, tout en assurant qu'Harpagon a raison, l'avare répète telle une litanie : « Sans dot. » Harpagon sort un instant dans le jardin pour vérifier que personne ne découvre son argent. Élise demande à Valère s'il n'est pas fou d'appuyer les décisions de son père car le mariage est prévu pour le soir. Valère lui dit qu'il faut trouver une maladie, que les médecins « trouveront des raisons pour vous dire d'où cela vient. » Lorsqu'Harpagon revient, Valère feint de convaincre Élise au mariage. Harpagon laisse sa fille aux soins de Valère.

ACTE II

Scène première

Cléante retrouve La Flèche, parti chez l'usurier. Il lui demande ce qu'il y a trouvé. La Flèche lui lit les conditions de l'emprunt. Seuls des meubles sont empruntables en guise d'argent. La Flèche conclut qu'il y aurait bien des « tentations à [...] voler » son père qui le soumet à de pareilles conditions.

Scène 2

Harpagon, Cléante et La Flèche se rejoignent autour de Maître Simon, un courtier. Il s'avère que Cléante découvre que son père est l'usurier et Harpagon découvre que son fils est celui qui s'« abandonn[e] à ces coupables extrémités ». La dispute éclate. Ils se quittent là.

Scène 3

Harpagon retrouve Frosine mais s'en va dans le jardin vérifier son or.

Scène 4

La Flèche parle avec Frosine et lui demande ce qu'elle fait là. Frosine lui répond qu'en femme d'intrigues elle vient gagner un peu d'argent avec Harpagon. La Flèche décrit alors Harpagon comme « l'humain le moins humain, le mortel de tous les mortels le plus dur et le plus serré. » La Flèche entend Harpagon revenir et se retire.

Scène 5

À nouveau Harpagon et Frosine se concertent. Frosine le flatte sur son âge. Puis ils discutent du fait qu'Harpagon l'a chargée de s'entretenir avec les nourrices de Mariane pour savoir si celle-ci acceptait de l'épouser. Frosine lui affirme que cela est fait, que Mariane l'épousera avec plaisir car elle n'aime pas les jeunes gens mais les sexagénaires. Harpagon demande l'argent qu'elle donnera pour le mariage. Frosine lui répond que la jeune fille vit modestement et ne lui coûtera donc rien, ce qui fait office de dot : « N'est-ce pas quelque chose de réel que de vous apporter en mariage une grande sobriété, l'héritage d'un grand amour de simplicité de parure, et l'acquisition d'un grand fond de haine pour le jeu ? » Frosine lui parle de Mariane et de son impatience pour le mariage depuis que Frosine lui a présenté toutes les qualités d'Harpagon. Frosine tente de lui demander de l'argent entre deux répliques sur Mariane, prétextant un « procès », mais l'avare ne cède pas à la flatterie.

ACTE III

Scène première

Harpagon réunit Cléante et Élise, Valère, Dame Claude (servante d'Harpagon), Brindavoine (laquais d'Harpagon), La Merluche (autre laquais d'Harpagon) et Maître Jacques. Il leur commande un repas à préparer et distribue les tâches. Il veut un repas très économique qui devrait lui permettre de signer le contrat de mariage. Mariane est censée aller à la foire accompagnée d'Élise, toutes deux conduites par Maître Jacques qui est cuisinier mais aussi cocher : « *Il ôte sa casaque de cocher et parait vêtu en cuisinier.* » Valère soutient son avarice : « Il faut que la frugalité règne dans les repas qu'on donne […] il faut manger pour vivre et non pas vivre pour manger. » Harpagon le remercie : « Souviens-toi de ces mots. Je les veux faire graver en lettres d'or sur la cheminée de ma salle. » Puis Harpagon s'adresse à nouveau à Maître Jacques en tant que cocher. Mais il lui confie que les chevaux sont trop fatigués par leur « jeûne » pour marcher. Maître Jacques rapporte les insultes qu'on raconte sur le compte d'Harpagon à ce dernier qui, ayant pourtant insisté pour qu'on les lui dise, le bat.

Scène 2

Valère et Maître Jacques se disputent et se menacent de coups de bâtons. Maître Jacques jure de se venger.

Scène 3

Frosine fait annoncer à Harpagon par Maître Jacques que

Mariane et elle sont arrivées.

Scène 4

Mariane et Frosine sont laissées seules. Mariane se plaint d'avoir à épouser un vieil homme. Frosine lui promet qu'il s'agit de se marier à un homme qui va mourir dans les trois mois qui suivent le mariage : « Vous ne l'épousez qu'aux conditions de vous laisser veuve bientôt. »

Scène 5

Harpagon se présente à Mariane et Frosine avec des lunettes. Mariane ne répond pas, Harpagon s'en plaint à Frosine qui le rassure : « Les filles ont toujours honte à témoigner d'abord ce qu'elles ont dans l'âme. » Harpagon annonce l'arrivée de sa fille qui vient saluer Mariane.

Scène 6

Élise, Harpagon, Mariane et Frosine sont réunis. Mariane trouve Harpagon vilain homme. Frosine ment une nouvelle fois sur la joie de Mariane à l'épouser. Il lui annonce que ses deux enfants ne seront bientôt plus à sa charge. Mais Mariane voit Cléante arriver.

Scène 7

Valère et Cléante les rejoignent. Cléante complimente Mariane et à mots couverts lui avoue qu'il ne veut pas d'elle en belle-mère. Mariane lui rend son discours point par point. Harpagon le fustige puis s'excuse auprès de Mariane du manque de « collation ». Cléante remédie à cela et lui fait apporter oranges « de Chine » et citrons « doux ». Harpagon s'énerve en voyant tout l'argent dépensé. Cléante va plus loin : il prend le diamant au doigt de son père et le tend à Marianne pour qu'elle l'accepte au nom de son père. Harpagon « enrage » contre les actions de son fils.

Scène 8

Brindavoine rejoint Harpagon, Élise, Mariane, Frosine et Cléante pour annoncer un homme qui souhaite parler à Harpagon. Ce dernier n'accepte de le rencontrer que parce qu'il « dit qu'il vous apporte de l'argent. »

Scène 9

La Merluche arrive en courant et fait tomber Harpagon. Il annonce que les « deux chevaux [d'Harpagon] sont déferrés ». Cléante l'assure qu'il prendra garde à son logis. Harpagon n'a pas confiance et demande à Valère de garder un œil à ce qu'il fait et de renvoyer chez le marchand tout ce qu'il reste de cette collation qu'a fait apporter Cléante.

ACTE IV

Scène première

Cléante est avec Mariane, Élise et Frosine. Élise assure qu'elle aidera Cléante et Mariane à se marier. Ils demandent l'aide de Frosine qui leur propose de faire croire à Harpagon qu'une « marquise ou […] vicomtesse, que nous supposerions de la Basse-Bretagne » donnerait tout son argent pour qu'Harpagon accepte de l'épouser plutôt que Mariane. Cette dernière est chargée de faire s'attirer les faveurs de sa mère à propos de son mariage avec Cléante.

Scène 2

Harpagon surprend Cléante à embrasser la main de Mariane « sa belle-mère » et commence à douter. Il envoie Mariane, Élise et Frosine dans le « carrosse » et souhaite rester seul avec Cléante qui se proposait de les accompagner.

Scène 3

Harpagon ment à son fils pour vérifier s'il a des sentiments amoureux pour Mariane. Il lui fait croire qu'il se trouve trop vieux pour elle et que si Cléante en avait voulu, il lui aurait donnée en mariage. Cléante alors lui avoue tout. Ils se disputent.

Scène 4

Maître Jacques rejoint Cléante et Harpagon. Il est pris à partie et on le nomme juge de ce « différend ». Il fait les allers-retours entre le père et le fils tout en déformant les propos pour que les deux se raccommodent.

Scène 5

Le quiproquo laissé par Maître Jacques se dissipe lors des excuses qu'Harpagon et Cléante se disent. Harpagon chasse son fils et le déshérite.

Scène 6

La Flèche informe Cléante qu'il a trouvé le trésor de son

père, « sortant du jardin avec cassette ».

Scène 7

Monologue d'Harpagon qui « crie au voleur dès le jardin ». Il désespère du vol de sa cassette : « Où courir ? Où ne pas courir ? »

ACTE V

Scène première

Harpagon est avec un commissaire et un clerc. Harpagon veut faire arrêter toute la ville car il soupçonne tout le monde.

Scène 2

Maître Jacques les rejoint. Harpagon lui annonce qu'on l'a volé et qu'il attend de lui une entière coopération pour dire tout ce qu'il sait à propos de l'affaire. Harpagon se met en colère contre lui et l'accuse du vol. Maître Jacques voit là une opportunité d'accuser Valère avec qui il s'est querellé. Lorsqu'on lui demande des indices, il ne sait que répondre mais se sort de la situation en rebondissant sur chaque indice qu'il entend d'Harpagon, reprenant chacune de ses fins de phrases.

Scène 3

Valère les rejoint. Harpagon l'accuse du crime, mais leur dialogue se forme autour d'un quiproquo. Valère avoue sa trahison, pensant qu'il a appris pour lui et Élise, tandis qu'Harpagon parle de la cassette : « Les beaux yeux de ma cassette ! Il parle d'elle comme un amant d'une maitresse. » Valère lui avoue que sa fille a signé une promesse d'engagement sous témoin de Dame Claude. Harpagon demande qu'on le mène en justice : « Surcroît de désespoir ! […] dressez-lui moi son procès comme larron et comme suborneur [Un suborneur se dit d'un séducteur]. »

Scène 4

Élise, Mariane, Frosine, Harpagon, Valère, Maître Jacques, Le Commissaire et son clerc se trouvent tous réunis. Harpagon se met en colère contre sa fille qui le supplie de retrouver son calme afin de mieux juger de l'affaire, car Valère est celui qui lui a sauvé la vie lorsqu'elle a failli se noyer : « Tout cela n'est rien, et il valait bien mieux pour moi qu'il te laissât noyer que de faire ce qu'il a fait. » (Harpagon) Maître Jacques se délecte de sa vengeance. Frosine trouve la situation très compliquée et reste en retrait.

Scène 5

Anselme fait son apparition. Après discussion avec Harpagon, il consent à épouser Élise. Mais il apprend que Valère et Mariane sont ses enfants. Valère conte son récit : il a été sauvé de la noyade par un capitaine qui se prit d'une forte amitié pour lui et le « fit élever comme son propre fils ». Ils se reconnaissent. Harpagon demande alors à Anselme qu'il paie les dettes de son fils.

Scène 6

Cléante arrive à ce moment-là et fait une proposition à son père : si Harpagon accepte de rendre Mariane pour que son fils l'épouse, Cléante lui fera parvenir son argent. Harpagon s'obstine à vouloir avant tout retrouver la cassette. Anselme le convainc de les laisser se marier et s'engage à payer les frais des deux mariages. Le commissaire se plaint pour les frais de ses écritures. Harpagon lui donne Maître Jacques « à pendre ». Anselme refuse et paie les écritures : « Allons vite faire part de notre joie à votre mère. » (Anselme) / « Et moi, voir ma chère cassette. » (Harpagon)

LES RAISONS
DU SUCCÈS

Du vivant de l'auteur, *L'Avare* ne remporte qu'un succès très limité. Ce manque d'enthousiasme surprend. D'une part, parce que *L'Avare* suit une pièce qui a été très favorablement reçue huit mois plus tôt : *Amphitryon*, adaptation d'une pièce antique, n'essuie pas d'échecs ou de scandales. D'autre part, parce que la pièce devient après la mort de Molière l'un des chefs-d'œuvre de son répertoire. Beaucoup se sont interrogés sur les raisons de telles réticences. La distribution des comédiens ne peut pas être en cause quand on pense que la troupe n'a pas changé entre-temps. En revanche, le recours de Molière à la prose a pu offusquer un public puriste, soucieux de maintenir les comédies versifiées. Par ailleurs, l'ensemble de cette comédie déroute. Si elle intègre des éléments de comédie italienne, comme le père qui s'oppose aux choix matrimoniaux de ses enfants et qui cède finalement devant les ingéniosités du valet de son fils, la pièce ne se présente pas comme une comédie d'intrigue traditionnelle : l'action principale devient de plus en plus floue au fil des actes et se résout, non pas grâce aux manœuvres des personnages, mais plutôt, par le biais d'une sorte de reconnaissance finale. L'intrigue cède la place aux enchaînements de plaisanteries ou aux jeux scéniques relatifs à l'avarice. Les vertus comiques se retrouvent attribuées au vieil avare français, inspiré de la *commedia dell'arte* mais travesti en bourgeois parisien du XVIIe siècle. *L'Avare* apparaît alors davantage construite sur le modèle de ce que les Italiens appellent la « *commedia ridicolosa* » plutôt que sur celui de la « grande comédie » du XVIIe siècle. Mais dès la première représentation, la recette n'est pas aussi fructueuse que pour *Amphitryon*.

En somme, tout porte à croire que le public se réservait pour la sortie du *Tartuffe*, achevé depuis longtemps mais dont le scandale aux yeux de l'Église a fait interdire toute représentation. Le public ne va pas voir les pièces de Molière avec enthousiasme parce qu'il attend la nouvelle version du *Tartuffe* et sa réconciliation avec l'Église. *Amphitryon* n'était pas une « grande comédie », c'était un spectacle de machination, d'effets. En revanche, la seule « grande comédie » que le public attend en 1668, c'est *Le Tartuffe*. Pourtant, *L'Avare* reprend un schéma d'intrigue similaire : un riche bourgeois est soumis à une si forte passion que celle-ci lui fait sacrifier tout ce qui ne s'y rapporte pas et contrarier les désirs amoureux de ses enfants. Le personnage d'Harpagon est proche de celui d'Orgon. Tout comme lui, il a une fille qu'il veut marier à un homme avec lequel il a des intérêts communs ; et un fils contre lequel il se bat, étant son rival amoureux. Cette situation conduit Harpagon à demander un bâton pour battre son fils et le déshériter. Orgon et Harpagon sont différents par leur vice. Si l'un se passionne de dévotion au point d'être prêt à vendre sa maison, le second est avide d'argent et va jusqu'à pratiquer l'usure condamnée par la religion, la morale et la politique. Mais le conflit avec Cléante n'a d'autre origine que la rivalité amoureuse et n'entretient aucun lien réel avec la question de l'argent. Cette différence caractéristique est importante si l'on considère *L'Avare* comme une pièce qui s'inscrit dans le cadre de la bataille pour *Le Tartuffe*. Depuis 1664, Molière ne cesse de se défendre d'avoir attaqué la dévotion et la religion dans cette pièce soumise à l'interdiction, et que la cible n'était autre que les hypocrites affectant la dévotion dans le seul but d'abuser les honnêtes gens de la Cour de Louis XIV. Molière écrit en tête de son « Placet au roi » : « Le Devoir de la Comédie étant de corriger les Hommes en les divertissant ; j'ai cru que dans l'emploi où je me trouve, je n'avais rien de mieux à faire, que d'attaquer par des peintures ridicules les vices de mon Siècle. » *L'Avare* serait une comédie à l'appui de cette prise de position, de ce dessein moral. En effet, après le succès d'une adaptation d'une pièce antique, Molière choisit comme matière *L'Aululaire ou l'Avaricieux* rencontré chez Plaute. Il n'y avait pas de meilleur vice que l'avarice, car l'obsession d'accumuler de l'argent est une maladie de l'âme dans la tradition morale issue de l'Antiquité, mais aussi une passion corruptrice dans la Bible et qui est comptée parmi les péchés capitaux par l'Église catholique. Le sujet de l'avarice touche aux valeurs contemporaines de Molière relatives à l'argent : il fallait mépriser l'argent parce qu'il était la cause de tous les maux – convoitise, injustice, violence, impiété – mais on en avait de plus en plus besoin. L'honnête homme doit dépenser sans compter et rester généreux sans se soucier de gagner de l'argent et c'est ainsi qu'on fait appel aux prêteurs, qui incarnent ce désir d'accumuler les biens. Aux yeux des contemporains de Molière, l'avarice renvoie à la pratique des usuriers. C'est pourquoi Harpagon pratique l'usure. Et le trésor ne représente pas toute sa fortune mais seulement le dernier prêt remboursé. Le prêt à intérêts est une question qui pose problème à cette époque en France, d'autant que l'Église le condamne à l'exception de certains théologiens jésuites. C'est pourquoi *L'Avare* devient un exemple des vices « de son siècle » et non pas un vice intemporel. Molière condamne l'avarice comme il se défend d'avoir condamné l'hypocrisie et non pas la religion en tant que telle.

LES THÈMES
PRINCIPAUX

L'avarice est au cœur de la pièce. Le thème est traité à travers le personnage d'Harpagon et son rapport à la famille et à la société. Les caractéristiques psychologiques d'Harpagon se résument à quatre traits principaux sur lesquels littératures morale et religieuse s'accordent pour définir ce qu'est un avare. Inquiétude et agitation décrivent Harpagon. Il est anxieux à l'idée de perdre son argent, et reste en mouvement pour augmenter ses gains ou sa fortune. Mais cette agitation conduit à l'inhumanité : Harpagon se révèle impitoyable avec autrui, il n'hésite pas à opprimer ou faire souffrir ses proches. L'avare préfère se priver du nécessaire et en priver son entourage pour conserver tout l'argent qu'il a accumulé. Cette conduite mène au désespoir lorsque le personnage perd son argent. Les incessantes allées et venues d'Harpagon vers la cache de sa cassette, le fait qu'il fouille La Flèche soupçonné de vol, la volonté de marier sa fille sans dot, la composition du souper et ses cris de désespoir à la découverte du vol de la cassette révèlent tous ces aspects du personnage avare.

Néanmoins, l'intrigue déplace le sujet originel vers le conflit père-fils qui est indépendant de son obsession pour l'argent. Pour ne pas perdre de vue le thème principal, Molière conserve toutes les scènes comiques qui soulignent l'avarice paternelle, comme l'échange de répliques entre les enfants d'Harpagon qui déplorent son vice (I, 2), ou comme le dialogue entre l'entremetteuse Frosine et la Flèche (II, 4) qui permet de poser l'avarice comme le trait principal d'Harpagon : « Il ne dit jamais *je vous donne*, mais *je vous prête le bonjour*. » Maître Jacques – cuisinier et cocher d'Harpagon – participe lui aussi à ce thème en rapportant les « contes » que l'on fait de lui de tous côtés (III, 1). Le récit de Maître Jacques se présente sous la forme de plaisanteries. Enfin, les vêtements d'Harpagon sont très simples. Il incite également les laquais Brindavoine et La Merluche à faire un usage ingénieux de leurs vêtements troués ou tachés par souci d'économie. De même, il emploie un seul domestique pour exercer deux fonctions : cuisinier et cocher pour Jacques. Tous ces éléments convergent et développent une continuité thématique de l'avarice à travers les discours ou les actes d'Harpagon, à travers l'impatience de son fils ou les regrets de sa fille. Les grimaces d'inquiétude, de fureur ou de désespoir d'Harpagon sont révélatrices des mouvements passionnels d'un avare mais aussi de la portée moralisatrice de la pièce qui corrige les mœurs : lorsqu'Harpagon se voit subtiliser un diamant sans pouvoir le dire à haute voix, c'est une forme de correction. Le déplacement du thème de l'avarice vers le conflit père-fils garantit une tonalité comique à l'ensemble et le sujet du vice devient moins pesant. C'est en effet une fille pauvre que le père et le fils se disputent. Si Harpagon souhaite épouser une fille qui n'a aucun bien, ce n'est pas seulement en vertu du principe selon lequel la passion amoureuse est plus forte que tout, y compris de l'avarice, ni par un paradoxe psychologique, mais parce qu'il faut que l'amante de son fils soit pauvre. C'est une structure de l'intrigue qui détermine ce choix. L'essentiel de l'action de jeunes hommes amoureux tourne autour des manœuvres ingénieuses et comiques des valets en vue de procurer à leur maître l'argent dont les amoureuses ont besoin. Les premières victimes sont les vieillards crédules, les pères des personnages principaux. Les conséquences du conflit sont désastreuses : le père chasse et déshérite son fils après avoir découvert en lui un rival. C'est ainsi que l'intervention du valet est légitimée : il vole la cassette au profit de son maître. Le motif de l'avarice est relégué au second plan des actes III à IV, afin de présenter le vieillard amoureux et rival de son fils. En quête d'argent, Cléante est mis en relation avec un usurier par son valet et découvre qu'il s'agit de son père. Le conflit père-fils se trouve ainsi lié à l'avarice du père sans créer de distorsion ou d'incohérence dans la pièce. C'est Valère, en conflit avec Maître Jacques, qu'on accuse du vol : il paraît logique qu'on le dénonce. Mais cette bataille entre les deux domestiques allège la dispute père-fils par le rire et le jeu comique nécessaire à une « comédie de mœurs ».

L'effet comique est amplifié par les obstacles que rencontrent les différents personnages qui gravitent autour de l'avare. Dès la fin du premier acte, les amours de Valère et d'Élise butent sur la volonté d'Harpagon de marier sa fille au vieil Anselme. Mais ces problème sont mis entre parenthèses jusqu'au quiproquo de l'acte V où « fille » et « cassette » se confondent. Il en va de même pour les amours de Cléante et Mariane confrontés à la décision du père d'épouser lui-même Mariane. L'acte V consacré à l'enquête et à la restitution de la cassette est à l'origine de plusieurs scènes comiques, comme le monologue désespéré de l'avare (IV, 7) et le quiproquo avec Valère (V, 3). L'entremetteuse est au centre des effets comiques dus aux conflits amoureux. Autre séquence comique : le recours au commissaire qui ne s'imposait pas pour interroger Maître Jacques puis Valère. Le personnage est un clin d'œil comique à l'actualité de Molière, où les commissaires du Châtelet n'étaient pas encore lavés de leur réputation de vénalité et d'incapacité. La bastonnade finale entre Maître Jacques et Valère n'a pas de lien très étroit avec l'intrigue mais joue avec ses effets comiques. De même, la réconciliation devant un faux conciliateur prête à rire. Molière intercale des ficelles comiques qui ménagent l'intrigue principale.

Si le vice décrit n'est pas soumis à beaucoup d'originalité, l'écriture de la pièce laisse en revanche apparaître un souci d'innovation. On trouve un mélange des caractéristiques propres aux comédies italiennes. Par exemple, les deux premières répliques de *L'Avare* ou encore les dialogues entre

Cléante et Marianne (III, 7/ IV, 1) se forment sur les mêmes jeux conceptuels du langage galant le plus épuré possible, sous la forme de métaphores comme « Mes feux », d'expressions paradoxales comme « douce puissance », ou « regret […] de m'avoir fait heureux », ou encore de périphrases délicates comme « les obligeantes assurances que vous avez eu la bonté de me donner de votre foi ». Ce raffinement langagier est dû au souci de musicalité et de rythme marqué par un nombre conséquent d'apostrophes. Molière s'exprime dans le « petit opéra impromptu » du *Malade imaginaire* (II, 5) sur ses motivations d'une « Prose cadencée ». Il s'agit « des manières de Vers libres, tels que la passion et la nécessité peuvent faire trouver à deux personnes qui disent les choses d'eux-mêmes, et parle sur-le-champ. » Dans *L'Avare*, les dialogues amoureux observent un rythme cadencé, mais les « vers libres » affleurent tout au long de la comédie, y compris dans les scènes les plus animées ou les plus prosaïques. Molière cherche une « prose cadencée » au-delà des limites de scènes d'amoureux. Molière propose la prose comme caractéristique porteuse de vraisemblance au théâtre, telle que la pratiquaient les Italiens. C'est cette prose qui participe au caractère « naturel » de la pièce. *L'Avare* porte ce souci de Molière d'une dramaturgie plus libre et se retrouve confronté à la conception traditionnelle de la comédie en cinq actes.

ÉTUDE DU MOUVEMENT LITTÉRAIRE

La *commedia dell'arte* est certainement l'une des plus vieilles formes de théâtre : improvisation, souplesse, élégance et volubilité la caractérisent. Soutenue par l'Italie, elle a imprimé le sens de la vie au théâtre. Née d'une tradition populaire, elle ne s'interrompt pas depuis l'époque romaine mais ne commence à s'affirmer qu'à partir du XVIe siècle. Les sujets des pièces jouées par la *commedia dell'arte* se composent toujours de trois actes précédés d'un prologue qui n'a aucun lien avec la pièce. Un canevas accroché en coulisses décrit le déroulement de l'action tout en indiquant les entrées et les sorties des acteurs. Les comédiens, entre dix et douze, se partagent la scène. C'est un véritable éblouissement : l'intrigue très emmêlée est débrouillée à une vitesse étourdissante tandis que bagarres, bastonnades, apparitions, duels, poursuites, enlèvements, déguisements, se succèdent sans relâche. Le comédien développe le thème comme il le désire et peut improviser gestes et textes. Il peut tout aussi bien se référer à des jeux de scène établis. Néanmoins, à l'exception de quelques répliques spontanées dues aux imprévus de l'action, les effets sont toujours soigneusement calculés. La littérature lui offre ses bons mots, ses monologues, ses comparaisons. L'art du comédien de la *commedia dell'arte* réside dans la maîtrise parfaite de sa voix et de son corps afin de les utiliser comme instruments. La mise en scène déroule surprises, tours de force et figures spectaculaires, mais également une discipline collective rigoureuse. Le masque, qui laisse le visage anonyme, ajoute au mime qui s'étend alors à tout le corps. La *commedia dell'arte* fait intervenir des personnages fondamentaux : deux vieillards, deux jeunes premiers amoureux, deux jeunes premières amoureuses, un fanfaron, deux valets, deux soubrettes. Ces types sont nuancés selon leur origine locale, leur tempérament et le canevas de la pièce. Un costume s'impose pour chaque personnage qui a ses propres accessoires, comme la batte d'Arlequin. À ces personnages s'ajoutent des acrobates, des danseuses, des chanteuses, et à partir du XVIIe siècle des *caratterista*, artistes qui n'ont aucun rôle mais servent de prétexte à la pièce dans les jeux divers. Au départ, il s'agit de troupes itinérantes qui parcourent l'Italie, puis l'organisation s'améliore, s'établit plus posément. Au XIXe siècle, le changement des mœurs entraîne la fin de ce genre théâtral. Mais tous les pays d'Europe ont subi son influence. Elle laisse une empreinte dans l'imagination populaire, le théâtre, la poésie, les arts ou le cinéma.

En ce qui concerne les premiers écrits de Molière, on ne parle pas de véritables pièces. Il s'agit plutôt d'indications scéniques qui vont permettre aux acteurs et à Molière de tenir la scène et de donner la réplique en laissant aux protagonistes une grande liberté d'improvisation. Toute sa vie, son théâtre sera écrit pour ainsi dire en « coulisses ». Avec les enseignements qu'il a acquis dans la pratique du jeu, il sait tirer parti de toutes les possibilités que lui offrent la scène et ses acteurs. C'est en cela que son théâtre se distingue radicalement du théâtre écrit « en chambre ». Ses pièces sont des mises en situation et des mises en scène dont l'intrigue est soutenue essentiellement par les caractères des personnages. Ce ne sont pas les généralités anonymes qui intéressent Molière, c'est l'homme tel qu'il est. Dans la *Critique de l'École des femmes*, il explique : « Lorsque vous peignez les hommes, il faut peindre d'après nature. On veut que ces portraits ressemblent, et vous n'avez rien fait si vous n'y faites reconnaître les gens de votre siècle. » Il l'applique dans *L'École des femmes*, mais aussi dans *George Dandin* ou *Le Bourgeois gentilhomme*. Ce qui contribue à distinguer Molière des auteurs tragiques de son époque – Corneille et Racine –, c'est l'apprentissage qu'il a fait du geste. Très impressionné par la pantomime italienne, il tiendra toujours le plus grand compte de l'expression corporelle. Dans la définition de certains de ses personnages, l'activité gestuelle tient une place aussi importante que le texte. C'est à travers le théâtre de la rue qu'il hérite des mystères du Moyen Âge. Et c'est par cette attention portée aux expressions du corps qu'il parvient à recréer l'étourdissement de la vie.

Comme il apparaît que Molière a souvent tenu compte, pour la création de ses personnages, des acteurs auxquels étaient destinés les rôles, on aurait pu découvrir à travers l'un des personnages qu'il se réservait d'incarner la véritable personnalité de l'auteur. Or, il s'avère que cette quête est vaine, sachant qu'à part quelques fragments, Molière est toujours resté en marge de ses créations. Le génie qu'il possédait d'inventer toujours de nouveaux « masques » nous empêche de le cerner dans un seul personnage. L'humour, arme essentielle de son théâtre, met à distance la réalité pour la dédramatiser.

En revanche, certains personnages ont les faveurs de Molière. Sganarelle, le bourgeois berné dans *Le Cocu imaginaire*, ou le valet frondeur de Dom Juan. C'est son humanité la plus franche et la plus directe qui nous touche. Il est intéressant de noter que ce sont les personnages féminins que Molière a chargé d'incarner les vertus qu'il aimait. Et plus d'une de ses servantes, par exemple Dorine qui démasque *Tartuffe* ou la Toinette du *Malade imaginaire*, donnent à leur entourage une leçon de bon sens guidée souvent par l'intuition du bonheur de vivre, auquel Molière attachait le plus grand prix. Le point fort de ses pièces se concentre dans les rapports qu'il a créés entre les personnages : *Tartuffe*, *Dom Juan* et *Le Misanthrope* en sont les exemples les plus représentatifs, mais c'est aussi le cas pour la relation entre père et fils dans *Les Fourberies de Scapin* ou *L'Avare*. Cette capacité qu'a le dramaturge à mettre en scène des liens entre personnages lui vient d'une grande lucidité sur les hommes de son temps. Le théâtre de

Molière est contemporain de son siècle et il n'hésite pas à dépeindre les problèmes et les forces qui sont à l'œuvre sous le règne de Louis XIV. Cette audace lui vaut de nombreux scandales. La peinture des mœurs affichées dans son théâtre lui vaut d'être considéré par les critiques littéraires comme le promoteur d'un théâtre bourgeois où ne sont mis en scène que des sentiments du commun. C'est de cette vérité humaine que provient toute l'acuité de son travail. Molière puise l'humour dans le théâtre de baladin dont les techniques se transmettent de génération en génération mais dont Molière a connaissance pour tenir le public en haleine. Il saisit l'art du geste et de la pantomime. Molière s'inspire aussi des dissonances lors des spectacles. Certains des monologues sont dans un charabia invraisemblable, à la façon des Italiens qui ne comprenaient pas le français et faisaient rire le public en jouant avec les sons. Il s'agit du comique de parole. Molière attribue souvent à un personnage un langage qui finit par l'enfermer dans un univers où le sens se perd – comme dans *Le Bourgeois gentilhomme* – et c'est à ce moment que le comique rejoint le tragique du monde. Ce qui prête à rire chez Molière, c'est le plus souvent l'implacable solitude dans laquelle sont enfermés ses personnages, tel Alceste dans *Le Misanthrope*. La solitude les amène parfois à ne plus pouvoir communiquer avec leur entourage. C'est de cette impuissance que naît le rire.

C'est aussi ce qui caractérise la farce. À l'origine, la farce est un intermède comique intercalé dans des représentations sérieuses. Mais au XVe siècle, elle devient un genre autonome, comportant des petites pièces bouffonnes d'un réalisme familier – c'est le cas de *La Farce de Maître Pathelin*. Au XVIIe siècle, les procédés comiques ont été tous repris par Molière. Au XVIIIe siècle, Beaumarchais a eu recours aux travestis, aux quiproquos. Au XIXe siècle, Courteline ou encore Labiche maintiennent la tradition, qu'ont revérifiée ensuite Alfred Jarry dans *Ubu roi* ou Jules Romain dans *Knock*, mais aussi les auteurs de l'absurde comme Ionesco ou Beckett, ainsi que les pamphlétaires politiques.

DANS LA MÊME COLLECTION
(par ordre alphabétique)

- **Anonyme**, *La Farce de Maître Pathelin*
- **Anouilh**, *Antigone*
- **Aragon**, *Aurélien*
- **Aragon**, *Le Paysan de Paris*
- **Austen**, *Raison et Sentiments*
- **Balzac**, *Illusions perdues*
- **Balzac**, *La Femme de trente ans*
- **Balzac**, *Le Colonel Chabert*
- **Balzac**, *Le Lys dans la vallée*
- **Balzac**, *Le Père Goriot*
- **Barbey d'Aurevilly**, *L'Ensorcelée*
- **Barbey d'Aurevilly**, *Les Diaboliques*
- **Bataille**, *Ma mère*
- **Baudelaire**, *Les Fleurs du Mal*
- **Baudelaire**, *Petits poèmes en prose*
- **Beaumarchais**, *Le Barbier de Séville*
- **Beaumarchais**, *Le Mariage de Figaro*
- **Beauvoir**, *Mémoires d'une jeune fille rangée*
- **Beckett**, *En attendant Godot*
- **Beckett**, *Fin de partie*
- **Brecht**, *La Noce*
- **Brecht**, *La Résistible ascension d'Arturo Ui*
- **Brecht**, *Mère Courage et ses enfants*
- **Breton**, *Nadja*
- **Brontë**, *Jane Eyre*
- **Camus**, *L'Étranger*
- **Carroll**, *Alice au pays des merveilles*
- **Céline**, *Mort à crédit*

- **Céline**, *Voyage au bout de la nuit*
- **Chateaubriand**, *Atala*
- **Chateaubriand**, *René*
- **Chrétien de Troyes**, *Perceval*
- **Cocteau**, *La Machine infernale*
- **Cocteau**, *Les Enfants terribles*
- **Colette**, *Le Blé en herbe*
- **Corneille**, *Le Cid*
- **Crébillon fils**, *Les Égarements du cœur et de l'esprit*
- **Defoe**, *Robinson Crusoé*
- **Dickens**, *Oliver Twist*
- **Du Bellay**, *Les Regrets*
- **Dumas**, *Henri III et sa cour*
- **Duras**, *L'Amant*
- **Duras**, *La Pluie d'été*
- **Duras**, *Un barrage contre le Pacifique*
- **Flaubert**, *Bouvard et Pécuchet*
- **Flaubert**, *L'Éducation sentimentale*
- **Flaubert**, *Madame Bovary*
- **Flaubert**, *Salammbô*
- **Gary**, *La Vie devant soi*
- **Giraudoux**, *Électre*
- **Giraudoux**, *La Guerre de Troie n'aura pas lieu*
- **Gogol**, *Le Mariage*
- **Homère**, *L'Odyssée*
- **Hugo**, *Hernani*
- **Hugo**, *Les Misérables*
- **Hugo**, *Notre-Dame de Paris*
- **Huxley**, *Le Meilleur des mondes*
- **Jaccottet**, *À la lumière d'hiver*
- **James**, *Une vie à Londres*
- **Jarry**, *Ubu roi*
- **Kafka**, *La Métamorphose*

- **Kerouac**, *Sur la route*
- **Kessel**, *Le Lion*
- **La Fayette**, *La Princesse de Clèves*
- **Le Clézio**, *Mondo et autres histoires*
- **Levi**, *Si c'est un homme*
- **London**, *Croc-Blanc*
- **London**, *L'Appel de la forêt*
- **Maupassant**, *Boule de suif*
- **Maupassant**, *Le Horla*
- **Maupassant**, *Une vie*
- **Molière**, *Amphitryon*
- **Molière**, *Dom Juan*
- **Molière**, *Le Malade imaginaire*
- **Molière**, *Le Tartuffe*
- **Molière**, *Les Fourberies de Scapin*
- **Musset**, *Les Caprices de Marianne*
- **Musset**, *Lorenzaccio*
- **Musset**, *On ne badine pas avec l'amour*
- **Perec**, *La Disparition*
- **Perec**, *Les Choses*
- **Perrault**, *Contes*
- **Prévert**, *Paroles*
- **Prévost**, *Manon Lescaut*
- **Proust**, *À l'ombre des jeunes filles en fleurs*
- **Proust**, *Albertine disparue*
- **Proust**, *Du côté de chez Swann*
- **Proust**, *Le Côté de Guermantes*
- **Proust**, *Le Temps retrouvé*
- **Proust**, *Sodome et Gomorrhe*
- **Proust**, *Un amour de Swann*
- **Queneau**, *Exercices de style*
- **Quignard**, *Tous les matins du monde*
- **Rabelais**, *Gargantua*

- **Rabelais**, *Pantagruel*
- **Racine**, *Andromaque*
- **Racine**, *Bérénice*
- **Racine**, *Britannicus*
- **Racine**, *Phèdre*
- **Renard**, *Poil de carotte*
- **Rimbaud**, *Une saison en enfer*
- **Sagan**, *Bonjour tristesse*
- **Saint-Exupéry**, *Le Petit Prince*
- **Sarraute**, *Enfance*
- **Sarraute**, *Tropismes*
- **Sartre**, *Huis clos*
- **Sartre**, *La Nausée*
- **Senghor**, *La Belle histoire de Leuk-le-lièvre*
- **Shakespeare**, *Roméo et Juliette*
- **Steinbeck**, *Les Raisins de la colère*
- **Stendhal**, *La Chartreuse de Parme*
- **Stendhal**, *Le Rouge et le Noir*
- **Verlaine**, *Romances sans paroles*
- **Verne**, *Une ville flottante*
- **Verne**, *Voyage au centre de la Terre*
- **Vian**, *J'irai cracher sur vos tombes*
- **Vian**, *L'Arrache-cœur*
- **Vian**, *L'Écume des jours*
- **Voltaire**, *Candide*
- **Voltaire**, *Micromégas*
- **Zola**, *Au Bonheur des Dames*
- **Zola**, *Germinal*
- **Zola**, *L'Argent*
- **Zola**, *L'Assommoir*
- **Zola**, *La Bête humaine*
- **Zola**, *Nana*
- **Zola**, *Pot-Bouille*